치치·밍밍과 함께하는

중국어 배우기

跟启启·明明一起学汉语

문장연습편

계명대학교공자아카데미
계명대학교 출판부

머리말

어린이 여러분,

신나고 즐거운 중국어의 세계로 오신 걸 환영합니다.

여러분은 중국이 어떤 나라인지는 잘 알고 있나요? 중국은 세계에서 3번째로 땅이 넓은 나라이며, 13억의 인구가 살고 있는 나라입니다. 아주 큰 나라이지요. 이렇게 많은 사람들이 쓰는 언어를 이제 우리 어린이 여러분들도 배워 볼 거예요. 어린이 여러분이 주인공인 21세기는 영어는 물론 중국어도 말할 줄 알아야 하는 시대입니다. 중국이 세계의 강국으로 떠오르기 때문이지요. 중국이라는 나라를 잘 알려면, 먼저 그 나라 말을 할 줄 알아야 해요. 중국어는 중국이라는 나라를 잘 알기 위한 하나의 방법입니다.

중국어는 어려운 언어가 아닙니다. 한자 또한 어려운 글자가 아닙니다. 중국어와 한자가 재미있고 쉽다는 것을 이 책을 통해서 알게 될 것입니다. 하나하나 천천히 우리의 주인공 启启와 明明이를 따라 함께 중국어를 배워 볼 거예요.

부모님들께

UN에서 지정한 공식 언어 가운데 하나인 중국어.

13억 인구가 사용하고 있는 중국어. 중국어는 중국과 대만 이외에도 동남아 전 지역에 걸쳐 통용되는 최다 사용언어입니다. 이제 21세기는 중국어의 필요성이 절대적입니다.

이미 중국어의 열풍은 식지 않고 치솟고 있습니다. 2008년 북경 올림픽의 성공적인 개최로 그 열기는 더욱 강하게 일어나고 있습니다.

이제 중국을 말하지 않고서는 세계의 정치, 경제, 문화를 말할 수 없다 해도 과언이 아닙니다.

또한 한국의 각 대학에서도 중국어의 중요성을 더욱 부각시키고 있는 실정입니다.

여기에 발맞추어 어린이들이 중국어를 공부하는 것은 당연한 것입니다.

본 교재는 중국어를 전공하신 선생님들이 어린이들의 학습 동기를 이끌어 내고, 중국어를 어렵지 않고 재미있게 배울 수 있도록 심사숙고하여 만들었습니다.

본 교재를 통해 어린이들이 21세기를 한 발 앞서 준비하고, 진정한 21세기의 주인공의 역할을 할 것이라 기대하는 바입니다.

저자 일동

목 차

구성안내

课文 (본문)

각 과의 주요 문장입니다.
A와 B의 묻고 대답하는 장면을 통해 그 문장이 어떠한 상황에서 쓰이는지에 대해 배워 봅니다.

学习生词 (함께 단어를 공부해요)

그림과 함께 그 단어에 해당하는 한자와 한어병음, 그리고 뜻을 배워 봅니다.

플래쉬 카드 그림

플래쉬 카드를 통해서 꼭 다시 한 번 단어를 복습하세요.

听一听 (함께 들어봐요)

치치의 일기입니다. 배운 단어를 이용해 짧은 문장을 만들 수 있습니다.
치치의 일기를 듣고, 따라 읽어 봅니다.

※ 说法 shuōfǎ 표현(법) — 각 단원 단어에서 배우지 않은 새로운 단어입니다.

说一说 (함께 말해봐요)

각과의 주요 단어를 교체하며
문장을 만들어 봅니다.

练一练 (함께 연습해요)

중국어의 짧은 문장을 듣고 이해할 수 있습니다.
문장을 듣고 연습문제의 답을 맞춰봅니다.

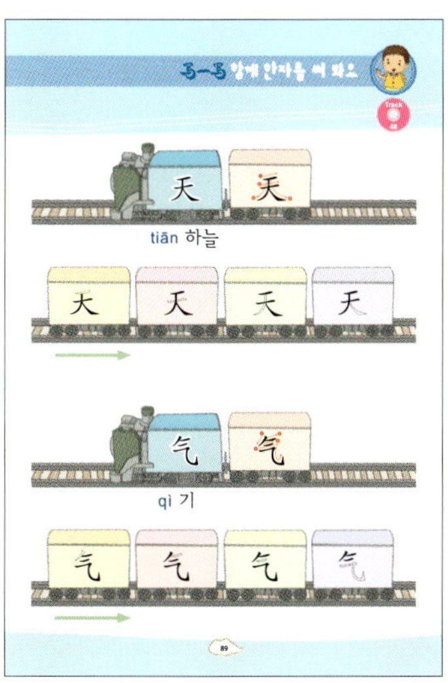

写一写 (함께 한자를 써 봐요)

중국의 간체자 한자쓰기를 연습해 봅니다.

인물소개

1 치치네 (启启家)

치치

명랑하고 쾌활한 주인공 치치는 이제 5살이 되어 계명 유치원에 입학한다. 유치원에서 새로운 친구를 만나 즐겁게 생활한다.

할아버지

운동을 좋아하셔서 매우 건강하시고 독서를 즐기신다. 그래서 늘 치치에게 운동을 가르쳐 주시고 좋은 말씀을 많이 해주신다.

아빠

중국어 선생님이시다. 퇴근 후 항상 가족들과 함께 보내는 것을 좋아하신다.

엄마

언제나 가족들의 건강을 생각하시고 맛있는 음식으로 가족들을 행복하게 한다.

오빠

치치의 오빠로 10살이며 계명초등학교에 다닌다. 학교에서는 우등생으로 반에서 회장이다. 늘 동생들에게 좋은 오빠이다.

여동생

4살이 된 치치의 여동생. 치치가 유치원에가자 밍밍의 남동생과 유치원 놀이를 하며 자신도 유치원에 가고 싶어한다.

2 밍밍이네 (明明家)

밍밍

호기심 많은 남자 주인공 밍밍은 치치와 동갑으로 5살이되어 치치와 함께 계명유치원에 입학한다. 유치원 친구들 사이에서 인기가 많다.

할머니

뜨개질과 산책을 좋아하시고 바쁘신 엄마 대신 밍밍이와 동생을 잘 돌봐주신다.

아빠

회사의 일이 너무 많아 늘 바쁘시지만 시간이 있을 때는 밍밍이와 축구하는 것을 좋아한다.

엄마

'계명유치원'선생님이다. 자상하시며 항상 밝게 웃는 얼굴로 학생들을 대하신다.

누나

밍밍의 누나로 10살이며 계명초등학교에 다닌다. 치치 오빠와 같은 반으로 부회장을 맡고 있다. 밝고 상냥한 성격이다.

남동생

밍밍의 남동생으로 4살이다. 장난꾸러기이며 치치 여동생과 늘 같이 다닌다.

3 치치·밍밍의 친구

홍홍 (紅紅)

치치와 밍밍의 유치원 친구로 5살 동갑이다.
밝고 상냥한 성격이며, 치치·밍밍과 매우 친하다.

내용소개

치치와 밍밍이 5살이 되어 계명유치원에 입학합니다.
3권은 치치와 밍밍의 유치원 생활로, 유치원 입학, 수업 내용, 견학, 졸업 등의 내용을 담고 있습니다.

입학

치치와 밍밍이 계명 유치원에 입학합니다.

교실수업

치치와 밍밍이 유치원에서 수업하는 내용입니다.

견학수업

치치와 밍밍이 유치원에서 견학가는 내용입니다.

졸업

치치와 밍밍이 유치원을 졸업합니다.

치치·밍밍과 함께하는

중국어 배우기

1과 我们去幼儿园

Track 01
启启、明明: 我们去幼儿园。
Qǐqi、Míngming: Wǒmen qù yòu'éryuán。
我们去幼儿园。우리는 유치원에 가요.
Wǒmen qù yòu'éryuán。

欢迎你们! 여러분을 환영해요!

Huānyíng nǐmen!

学习生词

Track 02

去 qù

가다

幼儿园 yòu'éryuán

유치원

老师 lǎoshī

선생님

欢迎 huānyíng

환영하다

함께 단어를 공부해요

今天 jīntiān

오늘

也 yě

~도

和 hé

~와

高兴 gāoxìng

기쁘다

听一听 함께 들어봐요

Track 03

启启的日记　　○○月 ○○日

1

2

무슨 내용일까요?

1. 오늘 나는 유치원에 갔다. 밍밍도 유치원에 갔다.
2. 선생님이 우리를 환영했다. 나와 밍밍은 매우 기뻤다.

Track 04

1

我
Wǒ

去
qù
가다

幼儿园。
yòu'éryuán。

动物园。
dòngwùyuán。

明明家。
míngmingjiā。

2

我
Wǒ

爸爸
Bàba

爷爷
yéye

和
hé
~와

明明
míngming

妈妈
māma

奶奶
nǎinai

很高兴。
hěn gāoxìng。

练一练 함께 연습해요

♥ 대화를 듣고 알맞은 그림에 동그라미 하세요.

1

A: 你们去哪儿?

B: 我们去幼儿园。

2

A: 老师好!

B: 你好, 启启。

写一写 함께 한자를 써 봐요

Track 06

치치·밍밍과 함께하는

중국어 배우기

2과 好朋友

Track 07
朋友们: 大家好!
Péngyoumen: Dàjiā hǎo!
明明: 你叫什么名字?
Míngming: Nǐ jiào shénme míngzi?
红红: 我叫红红。
Hónghong: Wǒ jiào hónghong。
大家好! 여러분 안녕!
Dàjiā hǎo!

朋友们: 我们都是好朋友。
Péngyoumen: Wǒmen dōu shì hǎo péngyou。
我们都是好朋友。우리는 모두 좋은 친구예요.
Wǒmen dōu shì hǎo péngyou。

学习生词

Track 08

大家 dàjiā
여러분

新 xīn
새로운

她 tā
그녀

认识 rènshi
알다.

함께 단어를 공부해요

名字 míngzi

이름

都 dōu

모두

是 shì

~이다

很 hěn

매우

Track 09

启启的日记　　○○月 ○○日

1
今天我认识新朋友了。
Jīntiān wǒ rènshi xīn péngyou le.

她叫红红。
Tā jiào hónghong.

2
认识她很高兴。
Rènshi tā hěn gāoxìng.

我们都是好朋友。
Wǒmen dōu shì hǎo péngyou.

무슨 내용일까요?

1. 나는 오늘 새로운 친구를 알게 됐다. 그 친구 이름은 홍홍이다.
2. 친구를 알아서 매우 기뻤다. 우리는 모두 좋은 친구이다.

Track 10

1

我
Wǒ

认识
rènshi

알다

明明。
míngming。

红红。
hónghong。

老师。
lǎoshī。

2

你
Nǐ

她
Tā

他
Tā

叫
jiào

~라고 부르다.

什么名字?
shénme míngzi?

练一练 함께 연습해요

Track 11

♥ 어떤 동물인지 녹음으로 들어보고, 동물을 색칠하세요.

写一写 함께 한자를 써 봐요

Track 12

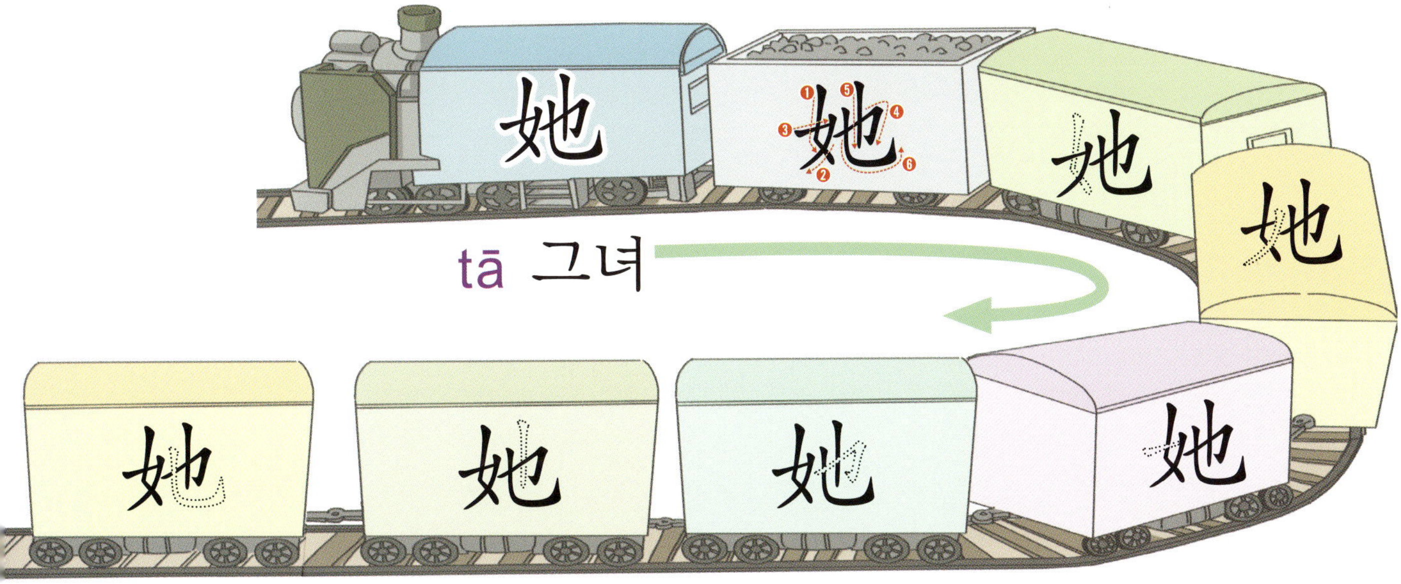

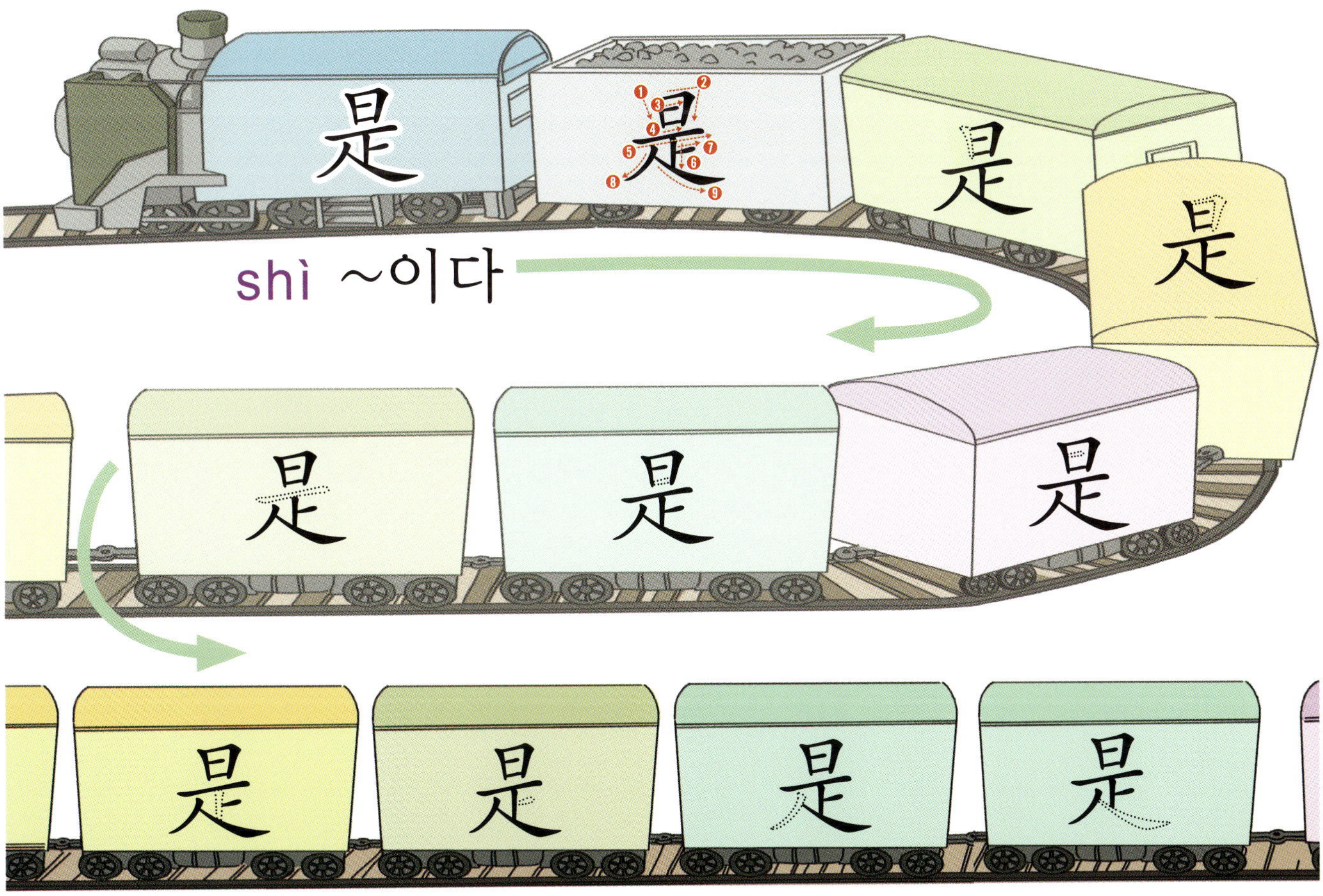

치치·밍밍과 함께하는

중국어 배우기

3과 你家有几口人?

你家有几口人? 너희 가족은 몇 명이니?

Nǐ jiā yǒu jǐ kǒu rén?

老师: 你家都有什么人?
Lǎoshī: Nǐ jiā dōu yǒu shénme rén?
启启: 我家都有爷爷、爸爸、
Qǐqi: Wǒ jiā dōu yǒu yéye、 bàba、
妈妈、哥哥、妹妹和我。
māma、 gēge、 mèimei hé wǒ。
你家都有什么人?
Nǐ jiā dōu yǒu shénme rén?
너희 가족은 누구누구 있니?

学习生词

Track 14

家 jiā
집

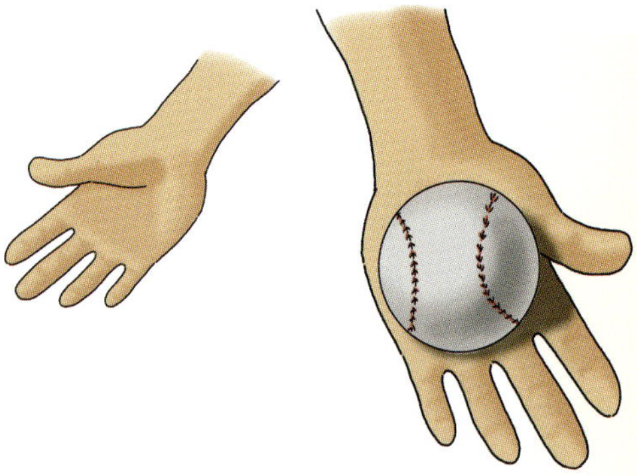

有 yǒu
있다, 가지고 있다

几 jǐ
몇

口 kǒu
가족을 세는 단위

함께 단어를 공부해요

人 rén

사람

问 wèn

묻다, 질문하다

又 yòu

또

叔叔 shūshu

삼촌, 아저씨

听一听 함께 들어봐요

Track 15

启启的日记　　　　　　○○月 ○○日

1

今天老师问我：你家有几口人？

Jīntiān lǎoshī wèn wǒ: Nǐ jiā yǒu jǐ kǒu rén?

我说：我家有六口人。

Wǒ shuō: Wǒ jiā yǒu liù kǒu rén.

2

老师又问我：你家都有什么人？

Lǎoshī yòu wèn wǒ: Nǐ jiā dōu yǒu shénme rén?

我说：我家都有爷爷、爸爸、妈妈、哥哥、妹妹和我。

Wǒ shuō: Wǒ jiā dōu yǒu yéye、bàba、māma、gēge、mèimei hé wǒ.

무슨 내용일까요?

1. 오늘 선생님이 나에게 물으셨다. 너의 가족은 모두 몇 명이니?
   내가 말했다. 우리 가족은 모두 여섯 명이에요.
2. 선생님은 또 물으셨다. 너희가족은 누구누구 있니?
   내가 말했다. 우리 가족은 할아버지, 아빠, 엄마, 오빠, 여동생 그리고 저 예요.

说一说 함께 말해봐요

Track 16

1

我	有	家
Wǒ	yǒu	jiā

三口人。
sān kǒu rén。
세 식구

五口人。
wǔ kǒu rén。
다섯 식구

2

我	家	(都)有
Wǒ	jiā	(dōu)yǒu

爸爸、妈妈和我。
bàba、 māma hé wǒ。
아빠, 엄마 그리고 나

爸爸、妈妈、哥哥、姐姐和我。
bàba、 māma、 gēge、 jiějie hé wǒ。
아빠, 엄마, 오빠, 언니 그리고 나

练一练 함께 연습해요

Track 17

♥ 여러분의 가족을 동그라미 하세요.

你家都有什么人?

爷爷 yéye

奶奶 nǎinai

爸爸 bàba

妈妈 māma

叔叔 shūshu

哥哥 gēge

姐姐 jiějie

妹妹 mèimei

弟弟 dìdi

数一数 숫자를 세어봐요

Track 18

1

一
yī

2

二
èr

3

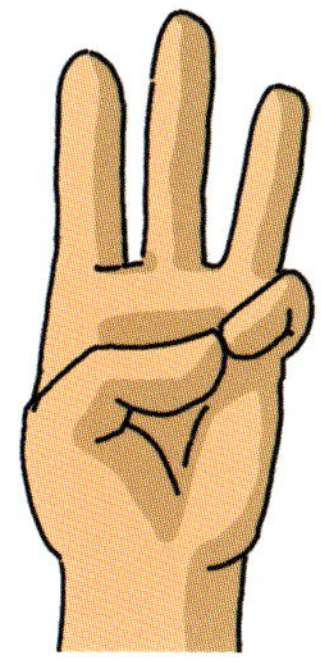

三
sān

4

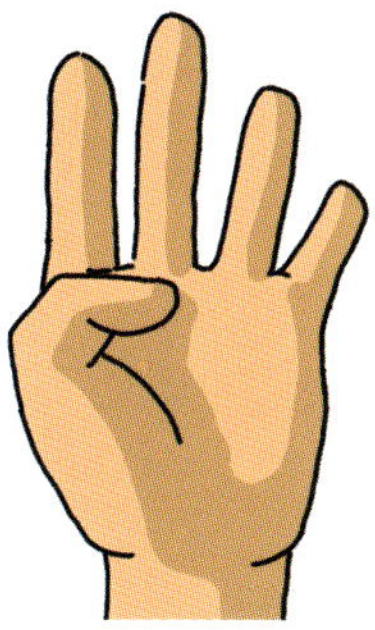

四
sì

5

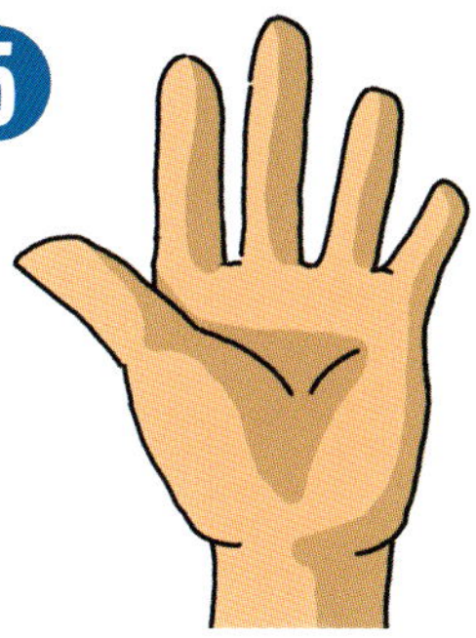

五
wǔ

6

六
liù

7

七
qī

8

八
bā

9

九
jiǔ

10

十
shí

치치·밍밍과 함께하는

중국어 배우기

4과 去水族馆

Track 19
老师:这是什么?
Lǎoshī: Zhè shì shénme?
启启:这是海豚。
Qǐqi: Zhè shì hǎitún。
我喜欢海豚。 나는 돌고래를 좋아해요.
Wǒ xǐhuan hǎitún。

朋友们: 海豚在水族馆里游泳。
Péngyoumen: Hăitún zài shuĭzúguăn lĭ yóuyŏng。
海豚在水族馆里游泳。돌고래가 수족관에서 수영해요.
Hăitún zài shuĭzúguăn lĭ yóuyŏng。

学习生词

Track 20

喜欢 xǐhuan
좋아하다

海龟 hǎiguī
거북이

鲨鱼 shāyú
상어

企鹅 qǐ'é
펭귄

海豚 hǎitún

돌고래

水族馆 shuǐzúguǎn

수족관

可爱 kě'ài

귀엽다

游泳 yóuyǒng

수영하다

听一听 함께 들어봐요

Track 21

启启的日记　　　　〇〇月 〇〇日

1

今天我们去水族馆。
Jīntiān wǒmen qù shuǐzúguǎn.

2

我看企鹅。企鹅很可爱。我很喜欢企鹅。
Wǒ kàn qǐ'é. Qǐ'é hěn kě'ài. Wǒ hěn xǐhuan qǐ'é.

무슨 내용일까요?

1. 오늘 우리는 수족관에 갔다.
2. 나는 펭귄을 봤다. 펭귄은 아주 귀여웠다. 나는 펭귄을 아주 좋아한다.

Track 22

1

我
Wǒ

喜欢
xǐhuan
좋아하다

苹果。
píngguǒ。

香蕉。
xiāngjiāo。

西瓜。
xīguā。

2

海龟
Hǎiguī

海豚
Hǎitún

鲨鱼
Shāyú

在 水族馆(里)
zài shuǐzúguǎn(lǐ)

游泳。
yóuyǒng。
수영하다

练一练 함께 연습해요

Track 23

♥다음 대화를 듣고 알맞은 그림에 동그라미 하세요.

1

A:这是什么?
B:这是海豚。

2

A:你喜欢什么?
B:我喜欢鲨鱼。

Track 24

huān 기쁘다

kě 아주

치치·밍밍과 함께하는

중국어 배우기

5과 几点了?

Track 25
妈妈：启启，起床！
Māma: Qǐqi, qǐchuáng!
启启：几点了？
Qǐqi: Jǐ diǎn le?
几点了？
Jǐ diǎn le?
몇 시예요?

妈妈: 八点了。
Māma: Bā diǎn le。
启启: 好。
Qǐqi: Hǎo。
八点了。 여덟시예요.
Bā diǎn le。

学习生词

Track 26

点 diǎn

시간

起床 qǐchuáng

일어나다, 기상하다

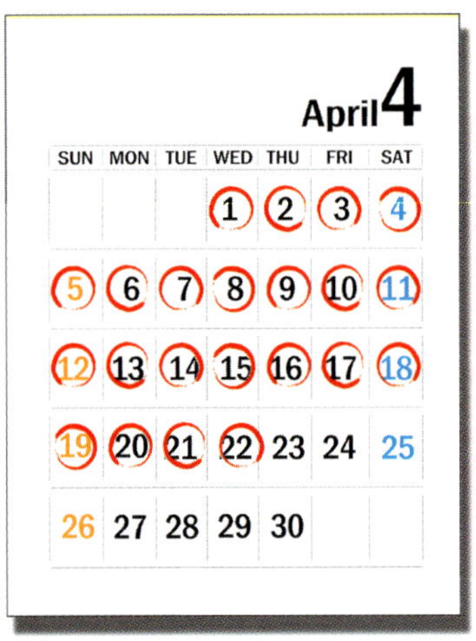

每天 měitiān

매일

睡觉 shuìjiào
잠자다

回家 huíjiā
집으로 돌아가다

两 liǎng
둘

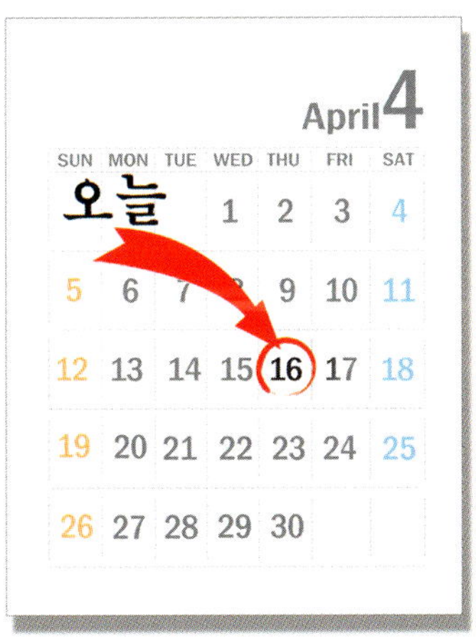

现在 xiànzài
현재

听一听 함께 들어봐요

Track 27

启启的日记　　○○月 ○○日

1 我每天八点起床。
Wǒ měitiān bā diǎn qǐchuáng.

十点去幼儿园。
Shí diǎn qù yòu'éryuán.

2 我一点回家。
Wǒ yì diǎn huíjiā.

九点睡觉。
Jiǔ diǎn shuìjiào.

무슨 내용일까요?

1. 나는 매일 여덟시에 일어난다. 열시에 유치원에 간다.
2. 나는 한시에 집으로 돌아온다. 아홉시에 잠을 잔다.

Track 28

1 现在几点?

两点
liǎng diǎn

두 시

2 现在几点?

四点
sì diǎn

네 시

练一练 함께 연습해요

Track 29

♥녹음을 듣고 몇 시 인지 그려봐요.

1

A: 启启几点起床?
B: 启启八点起床。

A: 启启几点睡觉?
B: 启启九点睡觉。

2

A: 现在几点?

B: 现在两点。

C: 现在三点。

Track 30

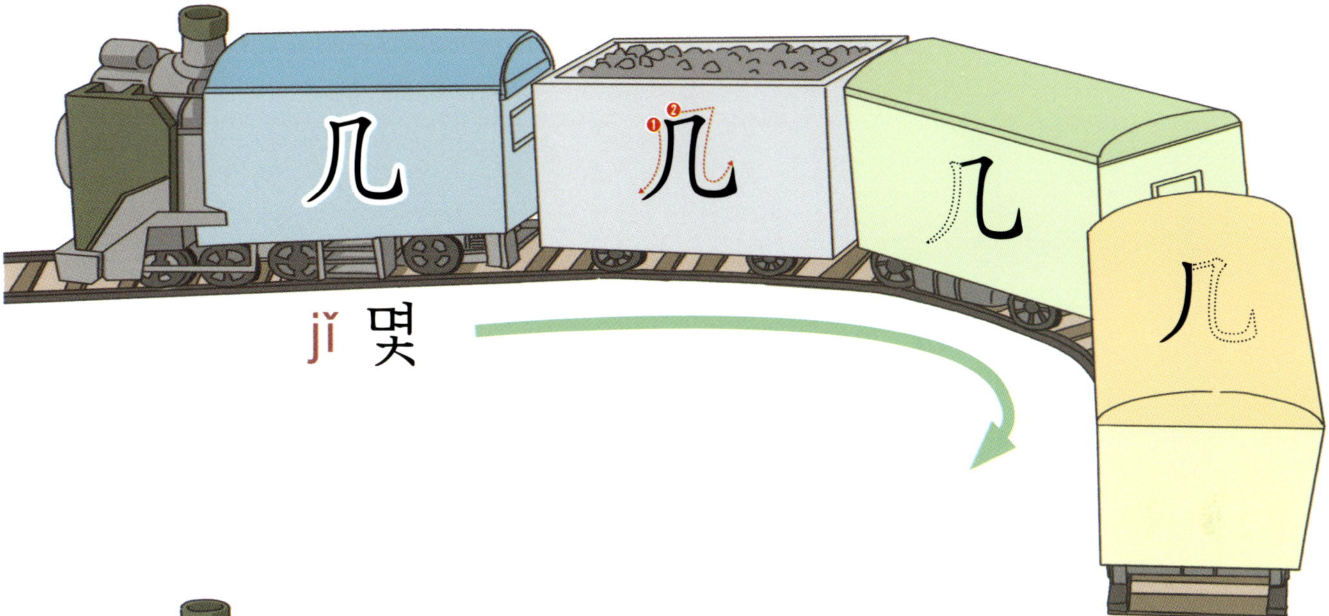

jǐ 몇

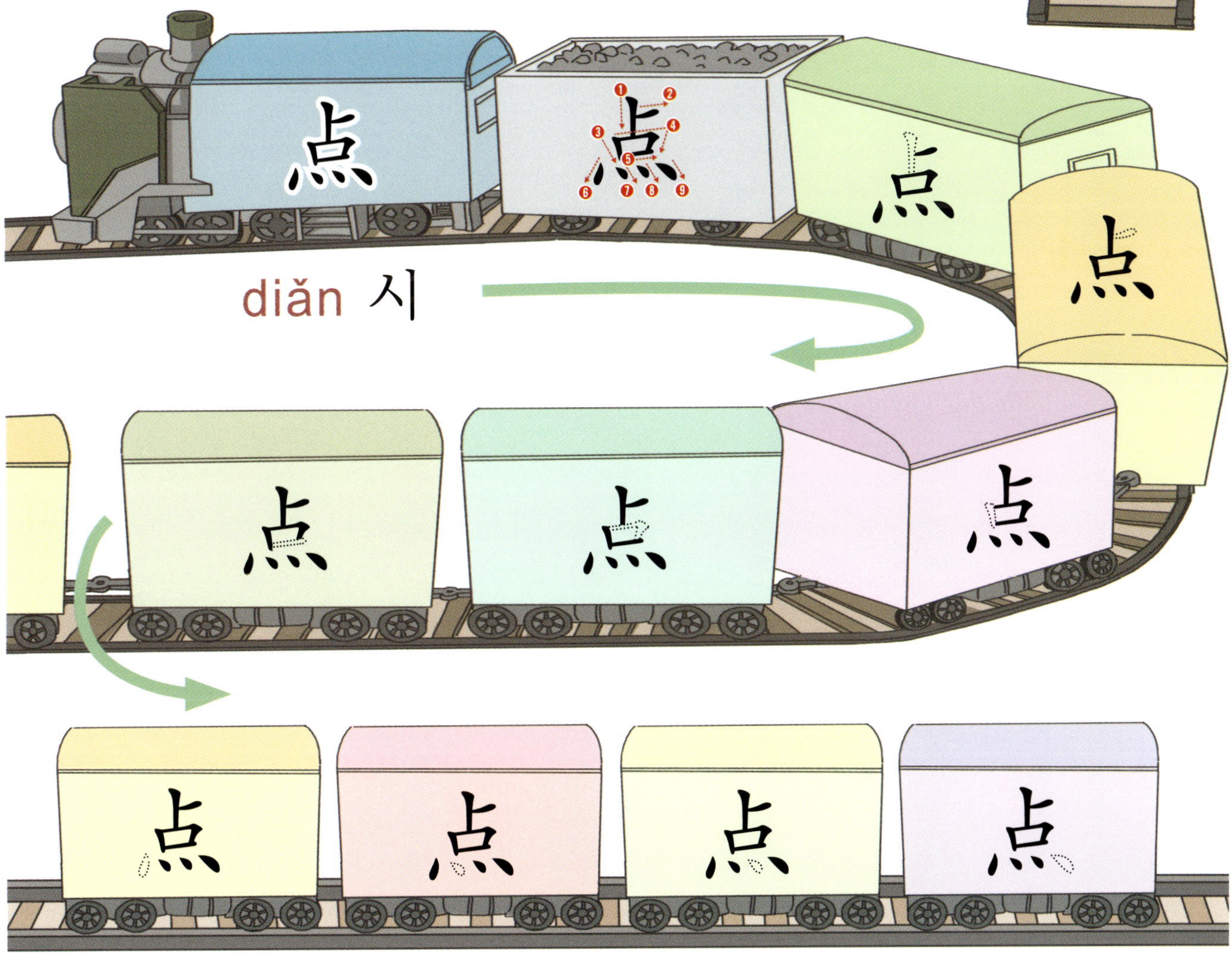

diǎn 시

치치·밍밍과 함께하는

중국어 배우기

6과 启启的生日

Track 31
老师: 今天几月几号?
Lǎoshī: Jīntiān jǐ yuè jǐ hào?
朋友们: 五月二十号。
Péngyoumen: Wǔ yuè èrshí hào。
今天几月几号?
Jīntiān jǐ yuè jǐ hào?
오늘은 몇 월 며칠이에요?

May 5
SUN MON TUE WED THU FRI SAT
1 2 3 4 5 6
7 8 9 10 11 12 13
14 15 16 17 18 19 20
21 22 23 24 25 26 27
28 29 30
老师: 今天是启启的生日。
Lǎoshī: Jīntiān shì qǐqi de shēngrì。
朋友们: 祝你生日快乐!
Péngyoumen: Zhù nǐ shēngrì kuàilè!
祝你生日快乐!
Zhù nǐ shēngrì kuàilè!
생일축하해!

学习生词

Track 32

生日 shēngrì

생일

的 de

~의

月 yuè

월

号 hào

일

함께 단어를 공부해요

祝 zhù

축하하다

给 gěi

~에게 ~을 주다

礼物 lǐwù

선물

快乐 kuàilè

즐겁다

Track 33

启启的日记 ○○月 ○○日

1

今天五月二十号。

Jīntiān wǔ yuè èrshí hào。

今天是我的生日。

Jīntiān shì wǒ de shēngrì。

2

朋友们给我生日礼物。

Péngyoumen gěi wǒ shēngrì lǐwù。

朋友们说: 祝你生日快乐!

Péngyoumen shuō: Zhù nǐ shēngrì kuàilè!

무슨 내용일까요?

1. 오늘은 5월 20일이다. 오늘은 내 생일이다.
2. 친구들은 나에게 생일선물을 주었다. 친구들이 말했다. 생일 축하해!

Track 34

1

明明 **给** 我
Míngming gěi wǒ

~에게 ~을 주다

礼物。
lǐwù。

书。
shū。

玩具。
wánjù。

2

启启 **的**
Qǐqi de

~의

生日。
shēngrì。

妈妈。
māma。

书包。
shūbāo。

练一练 함께 연습해요

Track 35

♥녹음을 듣고, 가족의 생일을 달력에 써 봐요.

家人的生日

1月 (　　)　2月 (　　)　3月 (　　)　4月 (　　)

5月 (　　)　6月 (　　)　7月 (　　)　8月 (　　)

9月 (　　)　10月 (　　)　11月 (　　)　12月 (　　)

1. 爸爸的生日几月几号?

2. 妈妈的生日几月几号?

3. 你的生日几月几号?

写一写 함께 한자를 써 봐요

Track 36

月 月

yuè 월

月 月 月 月

号 号

hào 일

号 号 号 号

号

치치·밍밍과 함께하는

중국어 배우기

7과 你是哪国人?

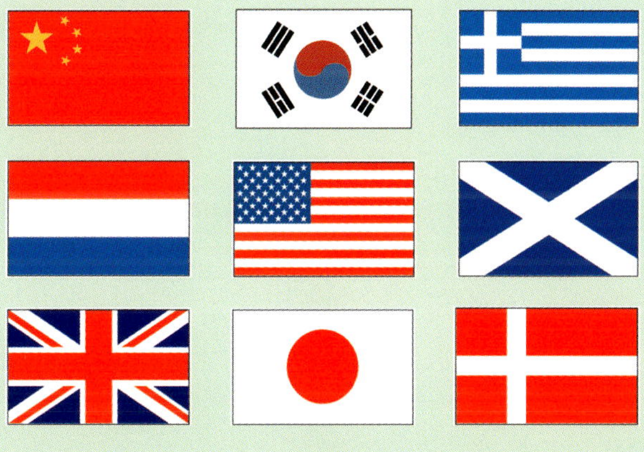

Track 37
老师: 今天我们学习国家的名称。
Lǎoshī: Jīntiān wǒmen xuéxí guójiā de míngchēng。
朋友们: 好。
Péngyoumen: Hǎo。
她是哪国人? 그녀는 어느 나라 사람이에요?
Tā shì nǎ guó rén?
※ 名称 míngchēng 이름

老师: 她是哪国人?
Lǎoshī: Tā shì nǎ guó rén?
朋友们: 她是中国人。
Péngyoumen: Tā shì Zhōngguórén。
她是中国人。그녀는 중국 사람이에요.
Tā shì Zhōngguórén。

学习生词

Track 38

国家 guójiā

나라

哪 nǎ

어디(어느)

人 rén

사람

学习 xuéxí

공부하다

韩国 Hánguó

한국

中国 Zhōngguó

중국

日本 Rìběn

일본

美国 Měiguó

미국

听一听 함께 들어봐요

Track 39

启启的日记 ○○月 ○○日

1 今天我们学习国家的名称。
Jīntiān wǒmen xuéxí guójiā de míngchēng.

我是韩国人。明明也是韩国人。
Wǒ shì hánguórén. Míngming yě shì Hánguórén.

2 小新是日本人。
Xiǎoxīn shì Rìběnrén.

孙悟空是中国人。
Sūnwùkōng shì Zhōngguórén.

무슨 내용일까요?

1. 오늘 우리는 나라이름을 공부했다. 나는 한국 사람이다. 밍밍도 한국 사람이다.
2. 짱구는 일본사람이다. 손오공은 중국 사람이다.

Track 40

1

我
Wǒ

明明
Míngming

妈妈
Māma

是
shì

韩国人。
Hánguórén。

한국사람

2

她
Tā

是
shì

~이다

美国人。
Měiguórén。

日本人。
Rìběnrén。

中国人。
Zhōngguórén。

练一练 함께 연습해요

Track 41

1 ♥ 대화에 알맞은 그림에 동그라미 하세요.

A: 她是哪国人?
B: 她是中国人。

2 ♥ 그림에서 어린이들의 나라에 줄을 그어 보세요.

 ★ ★ 

 ★ ★ 

 ★ ★ 

写一写 함께 한자를 써 봐요

Track 42

guó 나라

rén 사람

치치·밍밍과 함께하는
중국어 배우기

8과 天气怎么样?

Track 43
老师: 夏天天气怎么样?
Lǎoshī: Xiàtiān tiānqì zěnmeyàng?
夏天天气怎么样? 여름 날씨는 어때요?
Xiàtiān tiānqì zěnmeyàng?

朋友们: 夏天很热。
Péngyoumen: Xiàtiān hěn rè。
夏天很热。 여름은 매우 더워요.
Xiàtiān hěn rè。

学习生词

Track 44

天气 tiānqì
날씨

春天 chūntiān
봄

夏天 xiàtiān
여름

秋天 qiūtiān
가을

함께 단어를 공부해요

冬天 dōngtiān

겨울

暖和 nuǎnhuo

따뜻하다

凉快 liángkuài

시원하다

怎么样?

zěnmeyàng

어때요?

听一听 함께 들어봐요

Track 45

启启的日记 ○○月 ○○日

1 今天我们学习天气的说法。

Jīntiān wǒmen xuéxí tiānqì de shuōfǎ。

老师说春天暖和，夏天热。

Lǎoshī shuō chūntiān nuǎnhuo, xiàtiān rè。

2 秋天凉快，冬天冷。我喜欢夏天。

Qiūtiān liángkuài, dōngtiān lěng。Wǒ xǐhuan xiàtiān。

무슨 내용일까요?

1. 오늘 우리는 날씨표현을 공부했다.
   선생님이 봄은 따뜻하고, 여름은 덥다고 말씀하셨다.
2. 가을은 시원하고, 겨울은 춥다. 나는 여름을 좋아한다.

※ 说法 shuōfǎ 표현(법)

说一说 함께 말해봐요

Track 46

1

天气 Tiānqì 很 hěn 매우

热。 rè。

暖和。 nuǎnhuo。

冷。 lěng。

2

我 Wǒ 喜欢 xǐhuan 좋아하다

春天。 chūntiān。

夏天。 xiàtiān。

秋天。 qiūtiān。

练一练 함께 연습해요

Track 47

♥ 녹음을 듣고 중국어로 봄, 여름, 가을, 겨울을 말해보고, 각 계절에 색칠해 보세요.

春天

夏天

秋天

冬天

写一写 함께 한자를 써 봐요

Track 48

tiān 하늘

qì 기

치치·밍밍과 함께하는

중국어 배우기

9과 你怎么了?

Track 49
妈妈: 你怎么了?
Māma: Nǐ zěnme le?
你怎么了?
Nǐ zěnme le?
너 왜 그러니?

启启：我不舒服。肚子疼。
Qǐqi: Wǒ bù shūfu。 Dùzi téng。
我不舒服。肚子疼。나 불편해요. 배가 아파요.
Wǒ bù shūfu。 Dùzi téng。

学习生词

Track 50

怎么了? zěnme le?

무슨일이야?

舒服 shūfu

편하다

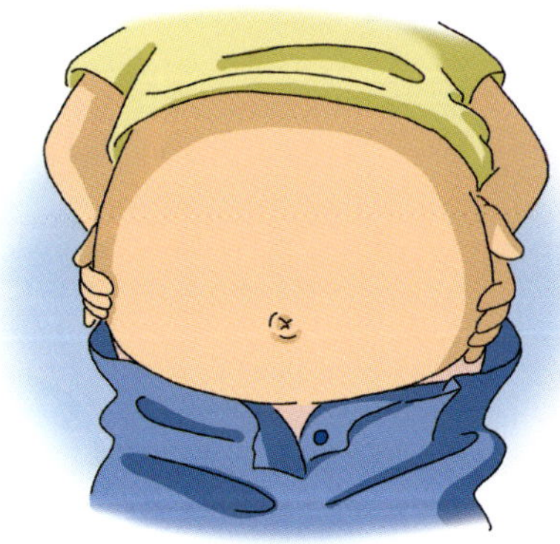

肚子 dùzi

배

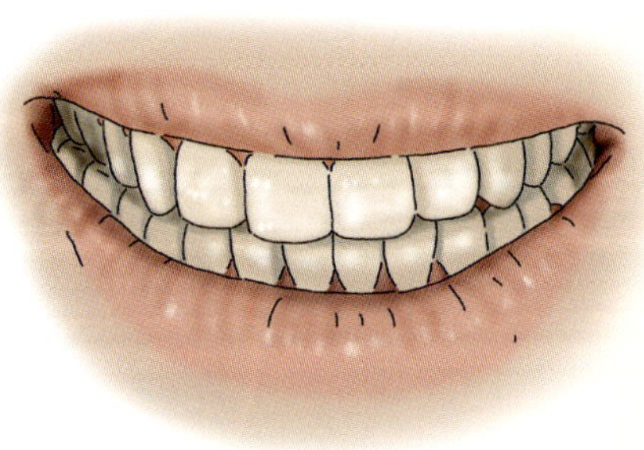

牙 yá

이

医院 yīyuàn

병원

跟 gēn

~와

疼 téng

아프다

头 tóu

머리

听一听 함께 들어봐요

Track 51

启启的日记　　　　　○○月 ○○日

1 今天我身体不舒服。肚子疼。
Jīntiān wǒ shēntǐ bù shūfu. Dùzi téng.
我跟妈妈一起去医院了。
Wǒ gēn māma yìqǐ qù yīyuàn le.

2 现在我好了。
Xiànzài wǒ hǎo le.

무슨 내용일까요?

1. 오늘 나는 몸이 불편했다. 배가 아팠다. 엄마와 함께 병원에 갔다.
2. 지금은 괜찮아졌다.

Track 52

1

我 Wǒ

肚子 dùzi

牙 yá

头 tóu

疼。 téng。

아프다.

2

我 Wǒ 跟 gēn 妈妈一起去 māma yìqǐ qù

~와 / 과

动物园。 dòngwùyuán。

医院。 yīyuàn。

幼儿园。 yòu'éryuán。

练一练 함께 연습해요

Track 53

♥ 다음 대화를 듣고 알맞은 그림에 동그라미 하세요.

1

A: 你怎么了?
B: 我肚子疼。

2

A: 启启，我们去医院吧。
B: 好。

Track 54

zěn 어찌

téng 아프다

치치·밍밍과 함께하는

중국어 배우기

10과 妈妈，我饿了!

我饿了！ 배고파요.

Wǒ è le!

妈妈: 你吃饭吧!
Māma: Nǐ chīfàn ba!
吃饭。
Chīfàn。
밥을 먹어요.

学习生词

Track 56

想 xiǎng

~하고싶다

吃 chī

먹다

饭 fàn

밥

饿 è

배고프다

함께 단어를 공부해요

渴 kě

목마르다

喝 hē

마시다

水 shuǐ

물

牛奶 niúnǎi

우유

听一听 함께 들어봐요

Track 57

启启的日记　　　　○○月 ○○日

1 我饿了，我想吃饭。
Wǒ è le, wǒ xiǎng chīfàn.

妈妈给我饭。
Māma gěi wǒ fàn.

2 我渴了，我想喝水。
Wǒ kě le, wǒ xiǎng hē shuǐ.

妈妈给我水。
Māma gěi wǒ shuǐ.

무슨 내용일까요?

1. 나는 배가 고파서, 밥을 먹고 싶었다. 엄마가 밥을 주셨다.
2. 나는 목이 말라서, 물을 마시고 싶었다. 엄마가 물을 주셨다.

说一说 함께 말해봐요

Track 58

1

我 吃

Wǒ chī

먹다

饭。
fàn。

面包。
miànbāo。

饼干。
bǐnggān。

2

我 喝

Wǒ hē

마시다

水。
shuǐ。

牛奶。
niúnǎi。

果汁。
guǒzhī。

练一练 함께 연습해요

Track 59

♥ 녹음을 듣고 그림에서 먹고 싶은 것은 동그라미, 먹기 싫은 것은 세모를 그려봐요.
또, 중국어로 말해 봐요.

1 我想吃

2 我不想吃

Track 60

chī 먹다

shuǐ 물

치치·밍밍과 함께하는

중국어 배우기

11과 你的爸爸做什么工作?

Track 61
老师: 明明, 你的爸爸做什么工作?
Lǎoshī : Míngming, nǐ de bàba zuò shénme gōngzuò?
明明: 我的爸爸是公司职员。
Míngming: Wǒ de bàba shì gōngsī zhíyuán。
你的爸爸做什么工作?
Nǐ de bàba zuò shénme gōngzuò?
너의 아빠는 무슨 일을 하시니?
※ 公司职员 gōngsī zhíyuán 회사원

老师: 启启, 你呢?
Lǎoshī: Qǐqi, Nǐ ne?
启启: 我的爸爸是汉语老师。
Qǐqi: Wǒ de bàba shì Hànyǔ lǎoshī。
我的爸爸是汉语老师。
Wǒ de bàba shì Hànyǔ lǎoshī。
우리 아빠는
중국어 선생님이야.

学习生词

Track 62

做 zuò

~하다

工作 gōngzuò

일, 일하다

医生 yīshēng

의사

厨师 chúshī

요리사

함께 단어를 공부해요

歌手 gēshǒu

가수

家庭主妇

jiātíng zhǔfù

가정주부

当 dāng

~되다

唱歌 chànggē

노래하다

听一听 함께 들어봐요

Track 63

무슨 내용일까요?

1. 우리 아빠는 중국어 선생님이시다. 밍밍의 아빠는 회사원이시다.
2. 나는 노래 부르는 것을 좋아한다. 나는 가수가 되고 싶다.

Track 64

1

爸爸
bàba

妈妈
māma

哥哥
gēge

你的 做 什么工作?
Nǐ de zuò shénme gōngzuò?

~하다

2

歌手。
gēshǒu。

医生。
yīshēng。

厨师。
chúshī。

启启 想 当
Qǐqi xiǎng dāng

~이 되고 싶다

练一练 함께 연습해요

Track 65

♥사다리를 타고 가서 중국어로 직업을 말해 봐요.

A B C D

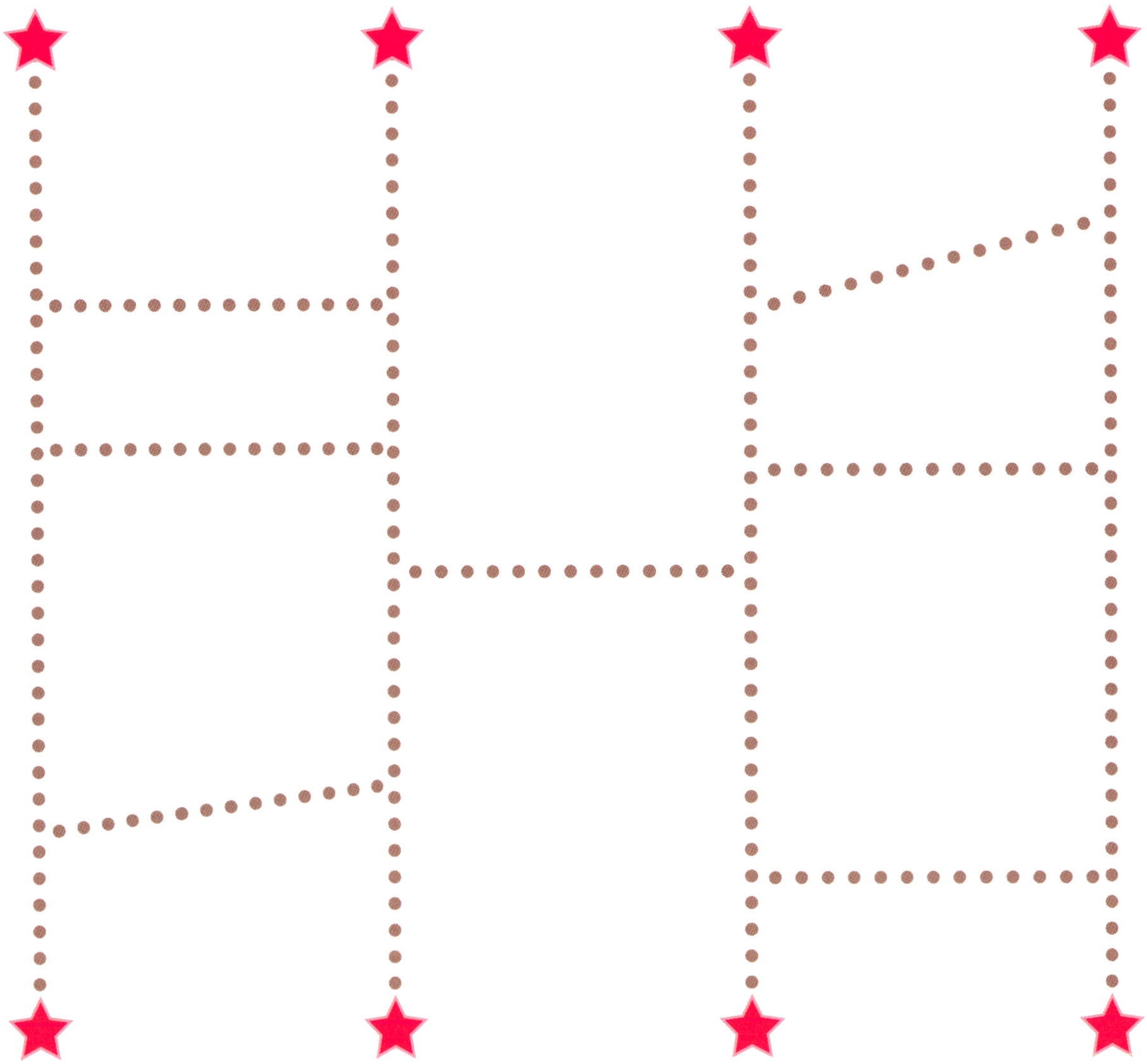

医生 yīshēng	厨师 chúshī	歌手 gēshǒu	公司职员 gōngsī zhíyuán

写一写 함께 한자를 써 봐요

Track 66

dāng ~되다

gōng 일

치치·밍밍과 함께하는

중국어 배우기

12과 毕业了,朋友们，再见!

Track
67
졸 계 명
启启: 今天我们毕业了。
Qǐqi: Jīntiān wǒmen bìyè le。
启启: 红红, 再见!
Qǐqi: Hónghong, zàijiàn!
我们毕业了。우리는 졸업했어요.
Wǒmen bìyè le。

유치원 업
老师: 朋友们, 再见!
Lǎoshī: Péngyoumen, zàijiàn!
朋友们: 老师, 再见!
Péngyoumen: Lǎoshī, zàijiàn!
朋友们, 再见!
Péngyoumen, zàijiàn!
친구들 안녕!

学习生词

Track 68

毕业 bìyè

졸업하다

抱 bào

안다

要 yào

~하려고하다

哭 kū

울다

함께 단어를 공부해요

说 shuō
말하다

上小学 shàng xiǎoxué
초등학교에 입학하다

放假 fàngjià
방학하다

笑 xiào
웃다

听一听 함께 들어봐요

Track 69

무슨 내용일까요?

1. 오늘 우리는 졸업을 했다. 밍밍이 말했다. 치치 울지마!
2. 나와 홍홍은 껴안았다. 친구들은 모두 초등학교에 입학한다. 안녕~

说一说 함께 말해봐요

Track 70

1

我们
Wǒmen

毕业
bìyè

上学
shàngxué

放假
fàngjià

了。
le。

~ 했다.(과거)

2

我
Wǒ

要
yào

~ 할 것이다.

吃饭。
chīfàn。

喝水。
hēshuǐ。

睡觉。
shuìjiào。

练一练 함께 연습해요

Track 71

1 ♥ 启启가 생각하고 있는 것에 동그라미 하고 중국어로 말해 보세요.

A: 我要去幼儿园。

B: 我要去医院。

2 ♥ 녹음을 듣고, 그림에 색칠해 보세요.

今天我们毕业了。朋友们，老师，再见!

写一写 함께 한자를 써 봐요

Track 72

치치·밍밍과 함께하는

중국어 배우기

답안 · 해설

1 과

p.17 说一说

1. 나는 유치원에 가요.
   나는 동물원에 가요.
   나는 밍밍집에 가요.

2. 나와 밍밍은 아주 기뻐요.
   아빠와 엄마는 아주 기뻐요.
   할아버지와 할머니는 아주 기뻐요.

p.18 练一练

1.

A: 너희들 어디가니?
B: 우리는 유치원에 가요.

2.

A: 선생님 안녕하세요!
B: 안녕, 치치.

2 과

p.27 说一说

1. 나는 밍밍을 알게 됐어요.
   나는 홍홍을 알게 됐어요.
   나는 선생님을 알게 됐어요.

2. 너 이름이 뭐야?
   그녀의 이름은 뭐야?
   그의 이름은 뭐야?

p.28 练一练

熊猫 xióngmāo 판다곰
大象 dàxiàng 코끼리
兔子 tùzi 토끼

3 과

p.37 说一说

1. 우리 집은 세 식구예요.
   우리 집은 다섯 식구예요.

2. 우리식구는 아빠, 엄마 그리고 저예요.
   우리식구는 아빠, 엄마, 오빠, 언니 그리고 저예요.

p.38 练一练

가족이
누가 누가 있나요?

4 과

p.47 说一说

1. 나는 사과를 좋아해요.
   나는 바나나를 좋아해요.
   나는 수박을 좋아해요.

2. 거북이가 수족관에서 수영해요.
   돌고래가 수족관에서 수영해요.
   상어가 수족관에서 수영해요.

p.48 练一练

1.

A: 이건 뭐야?
B: 이건 돌고래야.

2.

A: 너는 뭐 좋아해?
B: 난 상어 좋아해.

5 과

p.57 说一说

1. 지금 몇 시예요?
   두 시 (两点)

2. 지금 몇 시예요?
   네 시 (四点)

p.58 练一练

1. A: 치치는 몇 시에 일어나나요?
   B: 치치는 8시에 일어나요.

A: 치치는 몇 시에 잠을 자나요?
B: 치치는 9시에 잠을 자요.

2. A: 지금 몇 시예요?

B: 지금 두시예요 C: 지금 세시예요.

6 과

p.67 说一说

1. 밍밍이 나에게 선물을 줘요.
   밍밍이 나에게 책을 줘요.
   밍밍이 나에게 장난감을 줘요.

2. 치치의 생일
   치치의 엄마
   치치의 책가방

p.68 练一练

가족의 생일
1. 아빠의 생일은 몇 월 며칠이에요?
2. 엄마의 생일은 몇 월 며칠이에요?
3. 너의 생일은 몇 월 며칠이야?

7 과

p.77 说一说

1. 나는 한국 사람이에요.
   밍밍은 한국 사람이에요.
   엄마는 한국 사람이에요.

2. 그녀는 미국 사람이에요.
   그녀는 일본 사람이에요.
   그녀는 중국 사람이에요.

p.78 练一练

1.

A: 그녀는 어느 나라 사람이에요?
B: 그녀는 중국 사람이에요.

2.

8 과

p.87 说一说

1. 날씨가 매우 더워요.
   날씨가 매우 따뜻해요.
   날씨가 매우 추워요.

2. 나는 봄을 좋아해요.
   나는 여름을 좋아해요.
   나는 가을을 좋아해요.

p.88 练一练

9 과

p.97 说一说

1. 나는 배가 아파요.
   나는 이가 아파요.
   나는 머리가 아파요.

2. 나는 엄마와 함께 동물원에 가요.
   나는 엄마와 함께 병원에 가요.
   나는 엄마와 함께 유치원에 가요.

p.98 练一练

1.

A: 너 왜 그러니?
B: 나 배 아파요.

2.

A: 치치, 우리 병원 가자.
B: 네.

10 과

p.107 说一说

1. 나는 밥을 먹어요.
   나는 빵을 먹어요.
   나는 과자를 먹어요.

2. 나는 물을 마셔요.
   나는 우유를 마셔요.
   나는 쥬스를 마셔요.

p.108 练一练

1. 나는 먹고 싶어요.

2. 나는 먹기 싫어요.

11 과

p.117 说一说

1. 너의 아빠는 무슨 일을 하시니?
   너의 엄마는 무슨 일을 하시니?
   너의 오빠는 무슨 일을 하니?

2. 치치는 가수가 되고 싶어요.
   치치는 가수가 되고 싶어요.
   치치는 요리사가 되고 싶어요.

p.118 练一练

A: 요리사　B: 회사원　C: 의사　D: 가수

12 과

p.127 说一说

1. 우리는 졸업했어요.
   우리는 입학했어요.
   우리는 방학했어요.

2. 나는 밥을 먹을 거예요.
   나는 물을 마실 거예요.
   나는 잠을 잠을 잘 거예요.

p.128 练一练

1. A: 나는 유치원에 갈 거예요.　B: 나는 병원에 갈 거예요.

2. 오늘 우리들은 졸업했어요. 친구들, 선생님, 안녕!

Memo

치치·밍밍과 함께하는 중국어 배우기 3단계

지은이 윤창준, 이선희, 김미성, 김아정, 이주현
감 수 유겸공
삽 화 로고펠리스
펴낸이 신일희
펴낸곳 계명대학교 출판부

초판인쇄 2011년 6월 20일
초판발행 2011년 6월 30일

주 소 704-701 대구시 달서구 신당동 1000번지
전 화 053) 580-6233
팩 스 053) 583-5213
등 록 1970. 9. 1.(신고번호 제347-1998-1호)

ISBN 978-89-7585-551-1 74720
ISBN 978-89-7585-554-2 74720(세트)

CD 포함
정가 13,000원

치치·밍밍과 함께하는 중국어 배우기

lǎoshī

치치·밍밍과 함께하는 중국어 배우기

yòu'éryuán

치치·밍밍과 함께하는 중국어 배우기

gāoxìng

치치·밍밍과 함께하는 중국어 배우기

huānyíng

치치·밍밍과 함께하는 중국어 배우기

幼儿园
유치원

치치·밍밍과 함께하는 중국어 배우기

老师
선생님

치치·밍밍과 함께하는 중국어 배우기

欢迎
환영하다

치치·밍밍과 함께하는 중국어 배우기

高兴
기쁘다

치치·밍밍과 함께하는 중국어 배우기

xīn

치치·밍밍과 함께하는 중국어 배우기

dàjiā

치치·밍밍과 함께하는 중국어 배우기

jiā

치치·밍밍과 함께하는 중국어 배우기

rènshi

치치·밍밍과 함께하는 중국어 배우기

大家
여러분

치치·밍밍과 함께하는 중국어 배우기

新
새로운

치치·밍밍과 함께하는 중국어 배우기

认识
알다

치치·밍밍과 함께하는 중국어 배우기

家
집

치치·밍밍과 함께하는 중국어 배우기

wèn

치치·밍밍과 함께하는 중국어 배우기

rén

치치·밍밍과 함께하는 중국어 배우기

xǐhuan

치치·밍밍과 함께하는 중국어 배우기

shūshu

人

사람

치치·밍밍과 함께하는 중국어 배우기

问

묻다

질문하다

치치·밍밍과 함께하는 중국어 배우기

叔叔

삼촌, 아저씨

치치·밍밍과 함께하는 중국어 배우기

喜欢

좋아하다

치치·밍밍과 함께하는 중국어 배우기

hǎitún

치치·밍밍과 함께하는 중국어 배우기

qǐ'é

치치·밍밍과 함께하는 중국어 배우기

yóuyǒng

치치·밍밍과 함께하는 중국어 배우기

kě'ài

企鹅
펭귄

치치·밍밍과 함께하는 중국어 배우기

海豚
돌고래

치치·밍밍과 함께하는 중국어 배우기

可爱
귀엽다

치치·밍밍과 함께하는 중국어 배우기

游泳
수영하다

치치·밍밍과 함께하는 중국어 배우기

měitiān

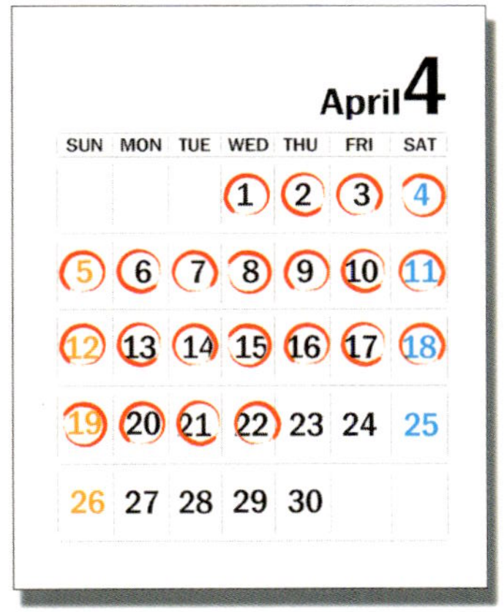

치치·밍밍과 함께하는 중국어 배우기

qǐchuáng

치치·밍밍과 함께하는 중국어 배우기

huíjiā

치치·밍밍과 함께하는 중국어 배우기

shuìjiào

起床
일어나다
기상하다

치치·밍밍과 함께하는 중국어 배우기

每天
매일

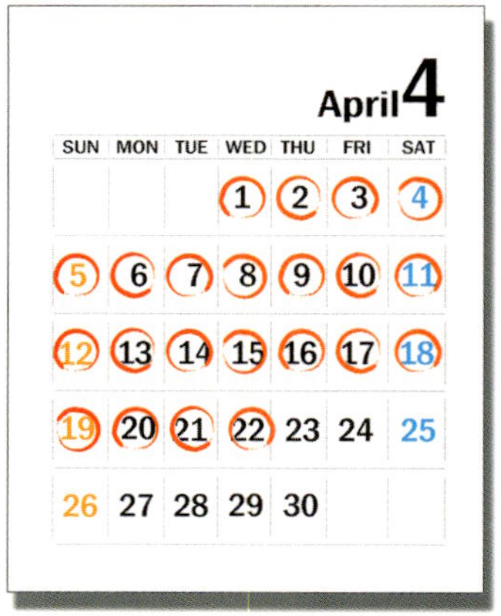

치치·밍밍과 함께하는 중국어 배우기

睡觉
잠자다

치치·밍밍과 함께하는 중국어 배우기

回家
집으로
돌아가다

치치·밍밍과 함께하는 중국어 배우기

zhù

치치·밍밍과 함께하는 중국어 배우기

shēngrì

치치·밍밍과 함께하는 중국어 배우기

kuàilè

치치·밍밍과 함께하는 중국어 배우기

lǐwù

치치·밍밍과 함께하는 중국어 배우기

生日

생일

치치·밍밍과 함께하는 중국어 배우기

祝

축하하다

치치·밍밍과 함께하는 중국어 배우기

礼物

선물

치치·밍밍과 함께하는 중국어 배우기

快乐

즐겁다

치치·밍밍과 함께하는 중국어 배우기

Hánguó

치치·밍밍과 함께하는 중국어 배우기

guójiā

치치·밍밍과 함께하는 중국어 배우기

Rìběn

치치·밍밍과 함께하는 중국어 배우기

Zhōngguó

国家
나라

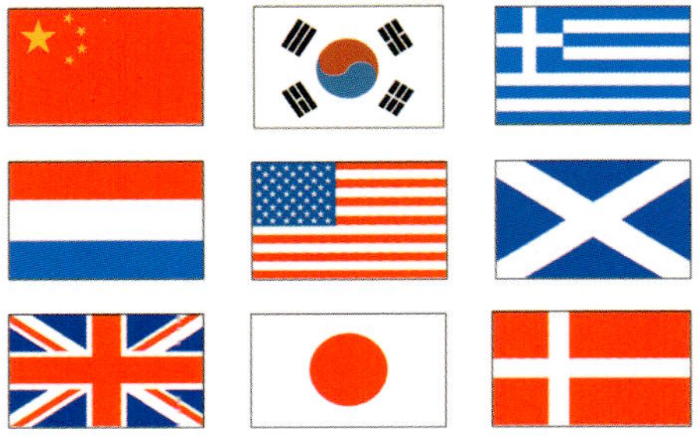

치치·밍밍과 함께하는 중국어 배우기

韩国
한국

치치·밍밍과 함께하는 중국어 배우기

中国
중국

치치·밍밍과 함께하는 중국어 배우기

日本
일본

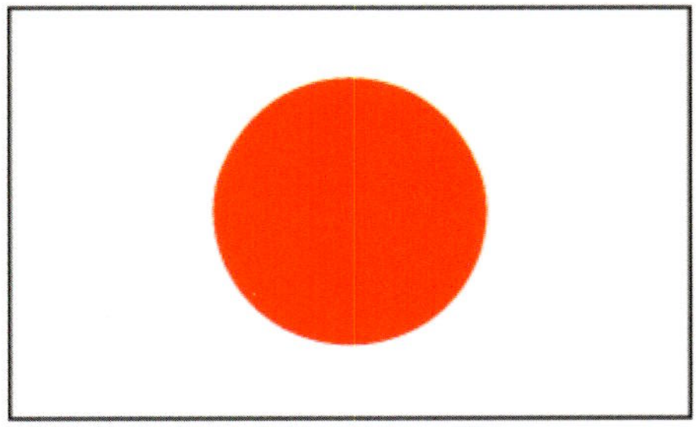

치치·밍밍과 함께하는 중국어 배우기

chūntiān

치치·밍밍과 함께하는 중국어 배우기

Měiguó

치치·밍밍과 함께하는 중국어 배우기

qiūtiān

치치·밍밍과 함께하는 중국어 배우기

xiàtiān

치치·밍밍과 함께하는 중국어 배우기

美国
미국

치치·밍밍과 함께하는 중국어 배우기

春天
봄

치치·밍밍과 함께하는 중국어 배우기

夏天
여름

치치·밍밍과 함께하는 중국어 배우기

秋天
가을

치치·밍밍과 함께하는 중국어 배우기

dùzi

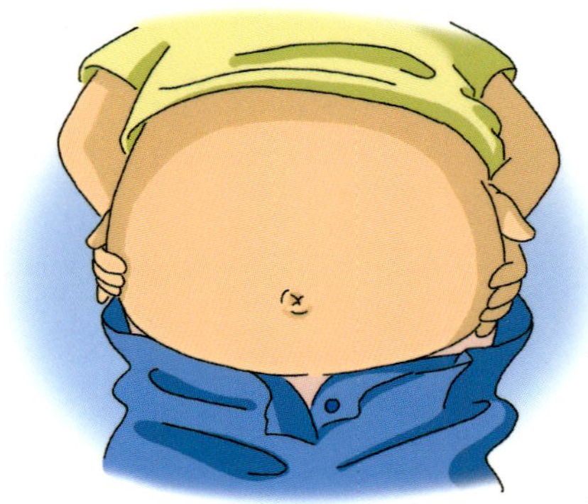

치치·밍밍과 함께하는 중국어 배우기

dōngtiān

치치·밍밍과 함께하는 중국어 배우기

téng

치치·밍밍과 함께하는 중국어 배우기

yá

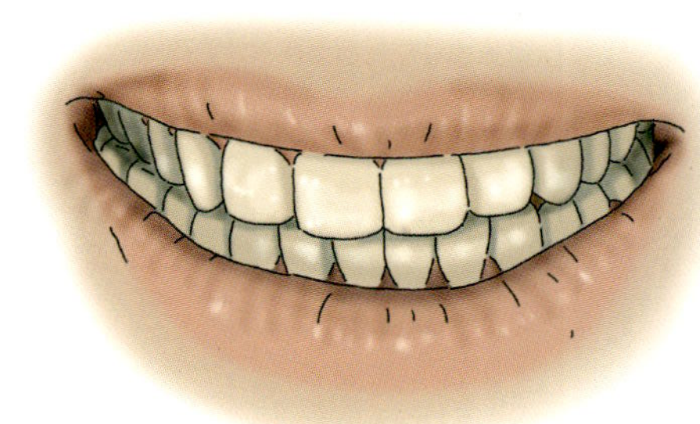

치치·밍밍과 함께하는 중국어 배우기

冬天
겨울

치치·밍밍과 함께하는 중국어 배우기

肚子
배

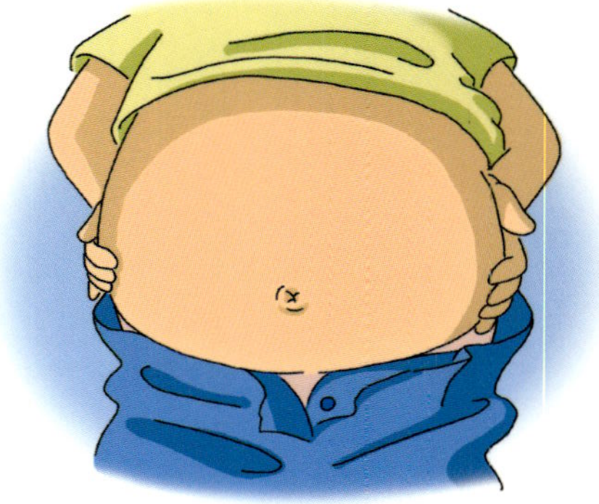

치치·밍밍과 함께하는 중국어 배우기

牙
이

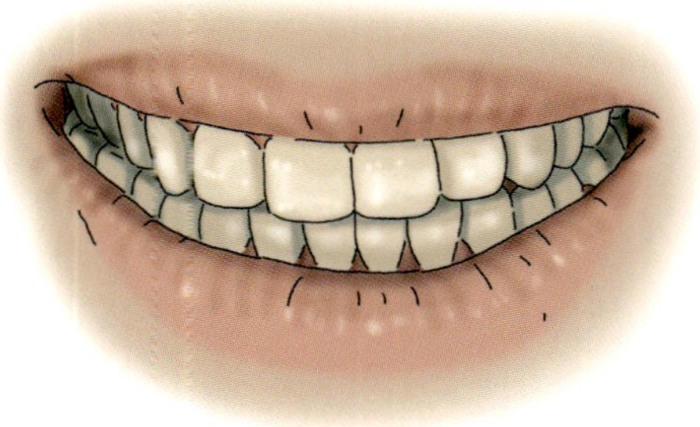

치치·밍밍과 함께하는 중국어 배우기

疼
아프다

chī

치치·밍밍과 함께하는 중국어 배우기

tóu

치치·밍밍과 함께하는 중국어 배우기

kě

치치·밍밍과 함께하는 중국어 배우기

è

치치·밍밍과 함께하는 중국어 배우기

头
머리

치치·밍밍과 함께하는 중국어 배우기

吃
먹다

치치·밍밍과 함께하는 중국어 배우기

饿
배고프다

치치·밍밍과 함께하는 중국어 배우기

渴
목마르다

치치·밍밍과 함께하는 중국어 배우기

kū

치치·밍밍과 함께하는 중국어 배우기

chànggē

치치·밍밍과 함께하는 중국어 배우기

xiào

치치·밍밍과 함께하는 중국어 배우기

shuō

唱歌
노래하다

치치·밍밍과 함께하는 중국어 배우기

哭
울다

치치·밍밍과 함께하는 중국어 배우기

说
말하다

치치·밍밍과 함께하는 중국어 배우기

笑
웃다

치치·밍밍과 함께하는 중국어 배우기

yīshēng

치치·밍밍과 함께하는 중국어 배우기

hē

치치·밍밍과 함께하는 중국어 배우기

gēshǒu

치치·밍밍과 함께하는 중국어 배우기

chúshī

喝
마시다

치치·밍밍과 함께하는 중국어 배우기

医生
의사

치치·밍밍과 함께하는 중국어 배우기

厨师
요리사

치치·밍밍과 함께하는 중국어 배우기

歌手
가수